James McSill
Camila Prietto

Book in a Box

Técnicas Básicas para Estruturação
de Romances Comerciais

Personagem, Ponto de Vista
e Filtros de Cena

www.dvseditora.com.br
São Paulo, 2013

Book-in-a-Box

Personagem, Ponto de Vista e Filtros de Cena

Copyright© DVS Editora 2013
Todos os direitos para a língua portuguesa reservados pela editora.

Nenhuma parte dessa publicação poderá ser reproduzida, guardada pelo sistema "retrieval" ou transmitida de qualquer modo ou por qualquer outro meio, seja este eletrônico, mecânico, de fotocópia, de gravação, ou outros, sem prévia autorização, por escrito, da editora.

Coordenação Editorial: Giuliana Trovato Castorino
Produção Gráfica, Diagramação: McSill Story Consultancy
Capa: McSill Story Consultancy

```
Dados    Internacionais  de   Catalogação na    Publicação   (CIP)
         (Câmara   Brasileira  do  Livro,  SP,  Brasil)

         McSill, James
            Book in a box : técnicas básicas para
         estruturação de romances comerciais : ponto de
         vista e filtros de cena / James McSill, Camila
         Prietto. -- São Paulo : DVS Editora, 2013.


                 1. Arte de escrever 2. Escritores 3. Romances -
         Arte de escrever I. Prietto, Camila. II. Título.




13-06083                                         CDD-808.3
```

Índices para catálogo sistemático:

1. Romances comerciais : Arte de escrever :
   Literatura   808.3

James McSill
Camila Prietto

Book in a Box

Técnicas Básicas para Estruturação
de Romances Comerciais

Personagem, Ponto de Vista
e Filtros de Cena

www.dvseditora.com.br
São Paulo, 2013

Sumário

Apresentação — 7

Agradecimento — 13

Introdução — 15

Personagem — 19

Ponto de vista — 33

Filtros de cena — 57

A jornada está só começando — 91

Apresentação

O que você tem em mãos são as notas que faço nas minhas viagens, no que chamo de "meu caderno de exercícios". Ele é o fruto do meu estudo, vivência e experiência. Em suas páginas registro ideias que se transformam em palestras ou treinamentos – como este do qual agora você participa.

Os exercícios, anotações e eventos foram criados especialmente para você!

O curso se divide em três manuais, cada um correspondendo a três horas de treinamento, nos quais vemos técnicas simples e úteis para que você possa dar início a um romance de ficção ou, porque não, incrementar um romance que já esteja escrevendo. É possível, também, utilizar estas técnicas na elaboração de "estorinhas" que farão parte, digamos, de uma obra de autodesenvolvimento.

Embora se diga que há técnica para isto e para aquilo, no frigir dos ovos, tudo é a mesma coisa: estória. O que a gente aprende, por exemplo, num *workshop* como este – criar um romance básico –, servirá para estruturar, quiçá, um livro de receitas nordestinas que venha a fazer sucesso no Paraná.

Pois bem, esta jornada precisava de um título. Chamei-a de: **Book-in-a-Box**.

Em inglês, de onde tirei a expressão, significa *um livro que já vem pronto*. Isto é, feito comida que se tira da caixinha, pronta para colocar no forno e tornar-se o jantar do dia.

A experiência **Book-in-a-box** pode se dar de diversas formas: estudos online, análise solitária do manual, palestra presencial e, dependendo das circunstâncias, apresentações em 3D – preparem os óculos. O mais importante, no entanto, é a disposição para aprender e escrever, escrever, escrever.

Ah! Na logomarca do **BOOK-IN-A-BOX**, ao lado, diz assim: **copyright James McSill 2013**. Isto quer dizer que o material (junto do meu nome e das minhas santas técnicas) só
poderá ser usado por você. Ele não pode ser usado como base para palestras, eventos ou aulas e também não pode ser partilhado com amigos.

Cada encontro de treinamento terá três horas de duração, divididas em:

- Apresentação;
- Teoria;
- Exercícios e atividades;
- Feedback e comentários.

E se você ficar perdidinho?

Sem problema! Anote as perguntas. Haverá oportunidade de revermos conceitos e sanar as suas principais dúvidas antes do intervalo e no fim das três horas de treinamento. Se a dúvida não for desproporcional, poderei ajudá-lo por email.

Como disse, dependendo do organizador do treinamento, a apresentação poderá ser em 3D, outras vezes, 2D, outras ainda, poderá ser assistido do conforto da sua casa por canal de TV.

Para as apresentações em 3D, quando me ver escrevendo na tela ou na hora em que fizer os exercícios, pode – aliás, deve – tirar os óculos 3D.

Divirta-se!

Com carinho,

Oiê...

Há alguns anos aprendi a montar caixas de papelão. Desenvolvia um projeto, calculava, riscava o papelão e, só então, cortava. Após encapar, costurar os detalhes e colar as bordas, a caixa estava pronta. Existe algo de mágico nesse objeto misterioso cujo interior guarda um mundo de infinitas possibilidades. E caso o exterior seja sóbrio, uma caixa preta e sisuda daquelas que não dá dica alguma quanto ao conteúdo da embalagem, a gente fica ainda mais tentado a descobrir o que tem dentro.

Estórias, por acaso, não são bem assim? Por sua capa deduzimos o que tem dentro, mas é quando abrimos o livro que vamos descobrindo o conteúdo. E assim como no "mistério da caixa", quanto mais o autor nos esconde a verdade por trás dos fatos, mais hipnotizados pela estória ficamos. O mistério é sedutor e nós adoramos.

Quando resolvi me tornar escritora profissional, minhas duas paixões, caixas e estórias, se misturaram. Se um romance é como uma caixa misteriosa, eu deveria aprender a montar livros assim como aprendi a montar caixas. Parecia ser a solução dos meus problemas, mas fui arrastada por uma enxurrada de perguntas: como escrever? Por onde começar? Como criar cada detalhe? Personagens, enredo, tramas? Quais as regras? Ou melhor, *existem mesmo* regras?

Comecei a pesquisar. Encontrei muitas técnicas e teorias sobre como criar um romance, estruturá-lo. Com o tempo fui guardando tudo numa caixa antiga, que eu chamava de Caixa de Mágicas. Em pouco tempo minha caixa tinha mais do que apenas teorias: tinha estórias, personagens e tramas; tudo misturado a ideias, manuscritos, e até desenhos de outros mundos.

Na busca por aprender a escrever o romance perfeito conheci o James, e então meus olhos se abriram ao verdadeiro sentido de se estruturar profissionalmente uma estória.

Quando James "bota o dedo" no texto, com sua experiência e sabedoria, a sensação que temos é de ter encontrado o Mister M da literatura. Se eu já tinha uma caixa de mágicas, agora passava a ter, também, a companhia de um mágico! E não era qualquer mágico, pois este não guardava os truques e segredos da indústria pra si, muito pelo contrário, James desmistifica o mercado e o que é ser, de verdade, um escritor profissional. E qual não foi minha surpresa quando o mágico dos mágicos me convidou para fazer parte de sua equipe!

Este volume do Book-in-a-Box levanta a tampa da minha Caixa de Mágicas, revelando, de minha parte, as melhores ideias, teorias e truques que aprendi com Mister James. Apresento-os sob minha ótica particular, acrescidos de dicas e notas de quem já trilhou a mesma estrada de tijolos amarelos em busca do objetivo de se tornar uma escritora profissional.

Assim, ao final do treinamento batam seus calcanhares, transformando aquele velho sonho de escrever um livro num manuscrito de fazer inveja a qualquer autor profissional.

Bjim,

Agradecimento

Gostaria de expressar toda minha gratidão a outro Mago das Letras, meu amigo e consultor da McSill Story Consultancy, **Mario H. Prado**, escritor também do segundo livro da coleção *Book-in-a-Box: Preparação do Escritor e Revisão da Primeira Versão*.

Mario teve papel significativo neste livro. Guiou-me na aventura de escolher as melhores palavras, as mais encantadoras estórias, teve dedicação para "colocar a mão na massa" e harmonizar meu texto, além de compartilhar comigo conceitos aqui presentes.

Como vocês podem notar, a contribuição foi grande e, por isso, minha estima por seu trabalho também. Não é à toa que, para a equipe McSill, ele é considerado o Super Mario!

Prontos para a próxima fase?

Camila Prietto

Introdução

O hábito de contar estórias começa no exato momento em que começa a História. Por muitas gerações, o único método possível de se propagar as tradições era contando estórias que levassem consigo a mensagem daquilo em que se acreditava. E, por maiores que fossem os conflitos entre os povos, as estórias contadas através das gerações não podiam ser rasgadas, queimadas ou presas por um exército superior. Fossem ou não vitoriosos, cada povo criava e mantinha lendas que consagravam os seus heróis. Nós, enquanto humanos, somos permeados por estórias. Elas nos desvendam e nos definem, principalmente quando tentamos responder a uma simples pergunta: quem sou eu?

Cada povo cria suas próprias respostas, que, transformadas em fábulas, perpetuam as mais diferentes tradições. E o que é a religião se não um forma de responder outras duas perguntas tão necessárias ao ser humano: de onde viemos?, e para onde vamos? Viver é um eterno contar estórias, e o dia a dia não passa de uma série ininterrupta de episódios que, de tempos em tempos, se fecham entre capas duras. Uma estória de ficção não é diferente disso, e também se forma de uma junção de acontecimentos que mostram o dia a dia de um personagem passando por obstáculos rumo a um desfecho, no mínimo, satisfatório.

Na vida real, nem tudo que ocorre é lógico e cheio de sentido. Nem tudo segue uma ordem que torne a compreensão mais fácil, simples ou interessante. Na verdade, a maioria das vidas são bem desinteressantes se acompanhadas de perto, minuto a minuto, simplesmente porque o viver não é planejado. Somos protagonistas de uma estória que ainda não está escrita, e que se desenrola de acordo com fatores que na maioria das vezes fogem à nossa vontade. A diferença da vida real para a estória é que, nesta, o autor é o deus que tem o poder – aliás, o dever – de tornar absolutamente interessante a vida do protagonista, através de uma estruturação lógica que busca fazer com que a audiência – ou seja, o leitor – fique com o nariz grudado naquela vida, sem se aborrecer com as banalidades e as inconsistências que existem na vida real.

Você, autor, o deus da vida do seu protagonista, deve perceber que possui um trabalho muito mais exigente do que se simplesmente criasse um homenzinho de barro e lhe desse o sopro da vida e o livre arbítrio para que ele seguisse adiante pelas próprias pernas, tomando as próprias decisões. Você terá de traçar todo o caminho do seu protagonista, e a forma como ele enxerga o mundo dependerá de como você o criou, e de que elementos incluiu na sua estória pessoal, pois é através deles, também, que seu protagonista conseguirá saltar da página, diante dos olhos do leitor, como se estivesse fazendo tudo sozinho, de acordo com a própria vontade.

E é para isso que trazemos este volume do Book-in-a--Box para você: utilize-o para fazer com que o leitor acredite que seu personagem é uma pessoa de verdade, e então ele conseguirá ver a estória através dos olhos que você deu àquele ser construído com letras.

Personagem

Conte-me um fato e eu aprenderei. Conte-me uma verdade e eu acreditarei. Conte-me uma estória e ela viverá para sempre em meu coração.

Personagem.

Persona. Per sonare. "Soar através de". No teatro grego, *prósopon* era a máscara usada por atores, por meio da qual expunham à audiência as suas emoções. Através da *persona*, ou seja, do personagem, o público entrava em contato com a estória. Isso já pode fazer você supor qual é o elemento principal e essencial de uma estória: **o personagem**.

Mas atenção!

A estória não é apenas *o que acontece com o personagem*. Uma estória, para ser interessante, deve se preocupar com *de que forma* o que acontece com o personagem **afeta o leitor**. Do contrário, este perderá interesse na leitura.

Imagine que você decidiu escrever um livro tendo como pano de fundo a II Guerra Mundial. Você já sabe que, para atrair o leitor para a sua estória, terá de escolher um personagem através da qual mostrá-la. Neste caso, você decide que a sua personagem, uma jovem polonesa, doce e meiga, irá se apaixonar por um soldado que, logo no início do romance, foi lutar contra as tropas alemãs. E, como sua estória é sobre amor, a jovem polonesa passará as duzentas folhas seguintes arrumando formas de suportar a dor da separação, até que ele regresse ao fim da guerra e eles possam viver felizes para sempre.

Olha, dá para sentir o estômago embrulhar só de imaginar escrever uma estória dessas. Tudo bem, você estaria relatando os fatos que aconteceriam na vida pacata da jovem (longe do *front* de guerra), esperando o amor voltar. Esse tipo de coisa deve realmente ter acontecido durante a II Guerra Mundial. Mas quem gostaria de ler uma estória *sem graça* dessas? Qual a *empatia* que essa personagem criaria junto ao leitor?

Seria mais provável o leitor passar a torcer para que o vilarejo dela fosse invadido por soldados inimigos e ela fosse levada para um campo de concentração, por mais cruel que isso pudesse soar.

Espera aí.

Releia a frase sobre o que o leitor talvez passasse a desejar.

Bingo. Você entendeu.

A função do autor é a de se antecipar. É a de dar ao leitor *tudo aquilo que ele pode querer.*

E você deve se antecipar, porque, bem, quando seu livro sair da gráfica, acabou-se o que era doce, a oportunidade de satisfazer o leitor já ficou para trás.

Voltando à nossa estória hipotética, o que aconteceria se esta começasse com o amor entre a protagonista – a camponesa bela e ingênua – e o soldado que vai para a guerra, para então descambar para uma série de inúmeros conflitos e obstáculos que tornam a vida da protagonista um verdadeiro inferno? E se soldados inimigos realmente invadissem o vilarejo onde ela vivia e levassem-na, junto da família toda, para Auschwitz? E se dentro do infernal campo de concentração nazista, um oficial alemão secretamente se apaixonasse pela protagonista e decidisse salvá-la da morte, desde que ela aceitasse fugir com ele para a Inglaterra? Ela se negaria por algum tempo, mas vendo seus familiares sendo assassinados, e informada pelo oficial nazista de que seu amado havia morrido no *front*, ela reconsideraria as possibilidades. E se, ainda, nesse meio tempo, seu amado, que na verdade estava vivo, voltasse para casa e descobrisse que ela havia sido presa, decidindo libertá-la, a todo custo? Imagine que a protagonista, já conformada com a nova situação, descobrisse que estava grávida do oficial nazista, e que bem um dia antes de embarcar para a Inglaterra, reencontrasse o seu amado soldado, vivo.

Está vendo? Em poucas linhas conseguimos colocar, numa estória insossa muitos elementos que a tornariam infinitamente mais atraente para o leitor. Esses elementos permitiriam que o leitor conhecesse a protagonista mais a fundo, fazendo-o torcer por ela e *viver a vida dela*.

Isso é o que você deve fazer, enquanto autor. Permitir que seu leitor *viva a vida* do protagonista. Que possa *ser* o protagonista por algumas centenas de páginas.

E vale tudo. Uma mocinha ingênua e bonita; um herói forte e valente; um arqui-inimigo arrogante, cruel e impiedoso; um vilão que passa boa parte da estória infernizando a vida do herói. Não importa. O que importa é que o personagem utilizado para fazer a estória andar seja *excepcional*.

> Uma estória é sempre sobre um PERSONAGEM excepcional enfrentando OBSTÁCULOS excepcionais rumo a um DESFECHO excepcional

Além disso, para escrever um livro é preciso ter mais que uma boa estória. O primeiro passo é saber *como estruturar* as cenas que apresentarão a trama. Isso vocês puderam aprender no primeiro volume do *Book-in-a-Box*, escrito por James McSill e Nano Fregonese (*Cena e Estória*).

Um autor profissional deve, no mínimo, saber quais são os elementos que compõem uma cena, e como ordená-los. Não se trata de deixar que regras engessem a criatividade. Conhecendo as regras, você terá muito mais facilidade para criar e encadear todos os elementos que dão origem a uma estória.

A sequência *Personagem-Obstáculo-Desfecho* são os elementos essenciais de uma estória. E, oras, de *quem* é o obstáculo? Do *personagem*. E para *quem* ocorre o desfecho? Para o *personagem*.

Conseguiu visualizar? Se o leitor não criar empatia com o personagem, se não se emocionar com os obstáculos que ele terá de ultrapassar para chegar ao desfecho, e se esse desfecho não satisfizer o leitor, pode ter certeza de que, conscientemente ou não, o leitor sentirá que perdeu tempo – e dinheiro – lendo sua estória, por isso se perguntará se deve arriscar mais uma vez.

O personagem é o elemento da estória com que nós realmente nos importamos, porque a estória é o que acontece com o personagem, e como isso nos afeta.

Quando falamos em personagem, principalmente tratando-se do protagonista, logo pensamos em um ser humano. Entretanto, grandes estórias foram escritas tendo um animal ou um objeto como protagonista, e esses, dotados de características humanas, podem ser tão complexos quanto eu, você ou qualquer super-herói.

Nesses casos podemos até dizer que são "gente em pele de animal", com desejos, emoções, virtudes, defeitos e tudo mais que possa lembrar um ser humano. Observe os personagens da Disney que são animais, mas por quem criamos a mesma **empatia** que criaríamos se fossem humanos. E, tratando-se de protagonista, não é tudo o que queremos? Seja humano, animal ou objeto, seu personagem precisa fazer o leitor torcer – a favor ou contra ele.

Agora observe, embora o personagem possa ser uma pessoa, um bicho ou até mesmo, um objeto, só será **verdadeiramente** um personagem se você, autor, emprestar a ele *características humanas*, torná-lo mais próximo do leitor, que, oras, é um ser humano.

O personagem principal do livro *Fernão Capelo Gaivota*, do autor Richard Bach, é uma ave. O grande vilão do filme *2001: Uma odisseia no espaço*, do diretor Stanley Kubrick, é HAL 9000, um computador.

O que realmente importa é que seu personagem seja **excepcional**. Quando dizemos "excepcional", não quer dizer que ele deve ser heroico, valente, bravo, destemido. Quer dizer apenas que ele não pode ser alguém normal, comum, sem qualidades e/ou defeitos que o destaquem. Se o personagem principal for desinteressante, o leitor não sentirá empatia por ele. Pode ser um personagem bondoso e corajoso, que faça o leitor desejar ter aquele caráter, ou um vilão inteligente, mordaz e cruel, que faça o leitor sentir ódio mortal e querer assassiná-lo com as próprias mãos. Se não for assim, o personagem, rapidinho, perderá a atenção da audiência.

Vamos a um pouquinho de teoria sobre personagens?

Podemos classificar os personagens de uma estória em diversas categorias, e, dentro dessas categorias, em diversas espécies.

Quanto à **profundidade**, os personagens podem ser **planos** ou **esféricos**.

Personagens planos, simples ou estáticos

São personagens bidimensionais, sem profundidade psicológica dentro da estória. Eles geralmente são descomplicados, não evoluem no decorrer da trama, e terminam a estória – no final dela ou quando sua participação acaba – sendo exatamente as mesmas pessoas que eram no início. Sua *personalidade* muitas vezes é pouco ou nada relevante.

Vamos a alguns exemplos de personagens planos?

O zelador Argus Filch, da série *Harry Potter*, é um clássico exemplo. Muitos dos demais alunos da escola de Hogwarts também o são, assim como diversos professores. Atenção: isso não significa que o personagem seja irrelevante para a estória. Seu *papel* é importante, mas poderia ser substituído por outros que cumprissem o mesmo objetivo, sem prejuízo para a trama.

Às vezes pode parecer que um personagem é plano, quando na verdade não é, mesmo que o personagem termine a estória sendo exatamente a mesma pessoa que era quando começou.

Muitas vezes, o fato de não haver transformações internas no personagem é uma consequência necessária da estória. O que torna um personagem plano é o fato de sua personalidade e suas ações derivadas dessa personalidade *não determinarem o curso da estória*. Por isso, na maioria das vezes, os personagens planos são *secundários, coadjuvantes*. Trataremos disso mais à frente.

Personagens redondos, complexos ou dinâmicos

Por questão de lógica, os personagens redondos são o oposto dos personagens planos, e, portanto, são aqueles personagens multidimensionais, de maior profundidade psicológica, cuja complexidade faz parte da estória. Geralmente evoluem (ou involuem) no decorrer da trama, tornando-se pessoas diferentes no final. A sua personalidade e as ações que derivam dela são determinantes para o rumo que a estória toma.

Usando ainda o exemplo do mega sucesso literário Harry Potter, temos o próprio protagonista, Harry, bem como aqueles que lhe são mais próximos: Hermione, Rony, Dumbledore, Sirius Black, Severo Snape, Draco Malfoy, dentre tantos outros. Em geral, suas ações decorrem de suas personalidades, que vamos conhecendo no decorrer da trama, e por isso são elas que levam a estória adiante. As ações dos personagens planos geralmente gravitam em torno das ações dos personagens redondos, influenciando, mas não determinando-as.

O protagonista é quase invariavelmente um personagem redondo, já que acompanharemos a estória através de seus olhos. É com ele que mais devemos nos importar (de maneira positiva ou negativa, tanto faz). O protagonista é o personagem cuja "redondice", "complexidade" e "dinamicidade" o autor mais deve se ater.

Isso nos leva a mais uma categoria em que podemos classificar os personagens: a **função narrativa**.

Protagonista

Também chamado de "personagem principal", normalmente é aquele personagem *cuja estória acompanharemos*. Por isso, em geral, a estória é contada justamente do ponto de vista do protagonista.

É com ele que você deverá ter mais cuidado, pois, como dissemos, enxergamos o mundo da estória através dos olhos dele.

Se sua estória é contada em primeira pessoa, o leitor só poderá saber aquilo que o protagonista sabe. Por isso dizemos que o leitor *literalmente* enxerga a estória com os olhos do protagonista. Se em terceira pessoa, o leitor enxergará a estória através das percepções que o protagonista tem dos eventos que ocorrem.

O protagonista é aquele cuja vida acompanhamos, e, como dissemos, ele deve ser excepcional. É ele que terá de enfrentar os obstáculos para chegar até o fim.

Para ajudá-lo, uma DICA útil: Escolhido o protagonista, determine qual o desfecho da estória, e, conhecendo esses elementos, defina os obstáculos pelos quais o protagonista deverá passar para chegar de um ponto a outro.

Em seguida, você pode construir o **arco do protagonista**, que é basicamente um diagrama que mostre, de um lado, quem o protagonista era quando a estória iniciou, e, do outro, quem passou a ser quando a estória terminou. Anote as características do antes e do depois, e isso facilitará o seu trabalho na construção da profundidade, complexidade e evolução do protagonista ao longo da estória.

O protagonista pode ser classificado tanto como **herói**, que é aquele que possui ou desenvolve as características morais de virtude, coragem e bondade, ou como **anti-herói**, quando, apesar de protagonista e de torcermos por ele, o personagem não exibe todo aquele conjunto de valores morais e éticos normalmente esperados de um herói. Isso não torna o anti-herói um vilão: ele não pratica nem defende o mal. Geralmente, atua de forma justa, porém a partir da sua própria concepção de mundo, numa espécie de área cinzenta entre o herói e o vilão.

Antagonista

O antagonista é o personagem que irá impor obstáculos, conflitos ao protagonista.

Em geral, ele é o segundo personagem mais importante da estória, por causa da relação de choque direto, de oposição imediata e constante ao protagonista.

Pense no bruxo Voldemort, em *Harry Potter*, ou no Senhor do Escuro, Sauron, em *Senhor dos Anéis*, ou mesmo no temível Darth Vader em *Guerra nas Estrelas*.

Todos esses exemplos são personagens antagonistas, e todos podem também ser classificados como vilões.

Mas o antagonista precisa *necessariamente* ser um personagem? Nem sempre.

Pense em filmes de catástrofes climáticas. *Impacto profundo, Volcano, O dia depois de amanhã.* Em todos esses casos os antagonistas são eventos naturais.

Então o antagonista não é personagem?

Pode ser, mas *pode não ser*. **Antagonista** não é necessariamente um personagem, mas sim um *propulsor do conflito principal da estória*, se opondo ao grande objetivo do protagonista.

VILÃO

O vilão é um personagem em oposição ao protagonista, se este for o herói. A não ser que o personagem principal de sua estória seja justamente aquele contra quem as pessoas normalmente torcem, o vilão se colocará no caminho do protagonista (herói), na forma de antagonista (vilão principal) ou de vilão secundário, aquele que, embora se oponha aos objetivos do protagonista, pode fazê-lo de maneira pontual, sem necessariamente se opor ao *objetivo maior* do personagem principal.

O vilão é uma representação do mal. Em *Harry Potter,* por exemplo, Voldemort encarna os papeis de vilão e antagonista principais. Lúcio Malfoy e Bellatrix Lestrange, por sua vez, funcionam como vilões.

Quando o vilão, encarnando também um papel de antagonista, é devotado ao mal e à destruição do protagonista com intensidade máxima, pode ser chamado de **arqui-inimigo**, como ocorre, por exemplo, com a maioria dos vilões dos filmes do espião James Bond.

Coprotagonista

O coprotagonista é o personagem que, ao lado do protagonista, exerce funções também importantes para levar a trama adiante. Contudo, em geral, o coprotagonista não atua como ponto de vista da estória, função normalmente reservada ao personagem principal.

Ainda utilizando *Harry Potter*, Hermione e Rony são coprotagonistas. Sua participação em todo o desenrolar da trama é inquestionável, tudo teria sido diferente se não fosse pela atuação deles na estória. Ainda assim, possuem uma função narrativa claramente menor que a do protagonista.

Coadjuvante

Personagens coadjuvantes são aqueles que, apesar de participarem da estória – por vezes até mesmo em momentos cruciais –, geralmente são utilizados como mecanismo de funcionamento interno da narrativa, e não como personagens em sentido estrito.

Um mensageiro que aparece na estória apenas para entregar uma carta ao rei é um personagem coadjuvante. Embora sua missão tenha sido importante, sua participação na estória se resume a fazer com que um conflito (ou mesmo mais de um) avance, levando a trama adiante.

É importante notar que esta é apenas uma lista exemplificativa de tipos de personagem, que pode ajudá-lo a escolher aqueles de que a sua estória precisa. Entretanto, você pode fazer as combinações que desejar, e criar personagens da forma como a sua estória exigir – *desde que faça isso de modo consistente e planejado*. Lembre-se de que você, enquanto autor, *não conta a estória*, mas sim *a mostra por meio dos acontecimentos ocorridos com os personagens*.

Na maioria das vezes, o autor monta a premissa da estória antes de decidir quem será o protagonista e quem serão os personagens, ou *como* eles serão, como iniciarão a estória e como a terminarão. Essa é uma boa técnica, porque você pode construir seus personagens de acordo com sua premissa.

> **DICA**
> Estabeleça o objetivo do personagem e só então crie obstáculos para que ele o alcance. Quanto antes puder definir as necessidades do personagem, mais fácil será criar bons conflitos.

Quando um personagem consegue o que quer *sem ter de passar por nenhum* **obstáculo** não temos uma boa estória. Ora, imagine uma estória que se inicia com Carlos desejando reconquistar Maria. Imagine, agora, que ele tromba com ela no supermercado e diz: "Maria, eu estou arrependido, volta para mim?", e Maria responde: "Sim, eu volto".

Mesmo que na vida real isso possa acontecer, para uma estória, essa sequência de fatos seria a coisa mais desinteressante do mundo, em nada cativaria o leitor.

Há quem diga que o protagonista é tão bom quanto o obstáculo que o atrapalha, e pasmem: isso vale mais do que dizer que ele é tão bom quanto o antagonista, pois nem sempre o protagonista tem tanta força numa trama quanto um maremoto que ele precisa enfrentar, um vulcão em erupção do qual precisa fugir ou uma ideologia que precisa combater.

Quanto mais atazanamos nosso protagonista com obstáculos difíceis, mais fazemos o leitor torcer para que ele consiga superá-los. Portanto, trate de infernizar a vida do seu protagonista, fazendo-o passar pelos piores tormentos (objetivos menores) antes de conseguir atingir o super objetivo.

Ponto de vista

Estilo é a maneira de exprimir os pensamentos, oral ou escrita, caracterizada pelo emprego de expressões e fórmulas próprias do autor.

- Ryoki Inoue

Cada autor possui um estilo próprio. Quando lemos Stephen King ou vemos um filme de Quentin Tarantino percebemos um jeito particular de mostrar o enredo. A isso damos o nome de **Voz do Autor**. Entre os vários elementos que demonstram o estilo de um escritor, a escolha do **Ponto de Vista** – que a partir daqui chamaremos de PDV – é um dos mais importantes.

O **PDV** é **quem** nos mostra a estória, a partir de suas vivências, emoções e pensamentos. É o personagem através do qual o leitor vivenciará a trama. Na vida nós somos o PDV da nossa estória; seja falando de nós mesmos ou de uma notícia de jornal, vivenciamos tudo a partir do nosso ponto de vista.

Não se trata de identificar se a estória está sendo narrada em 1ª, 2ª ou 3ª pessoa: isso é o **modo narrativo**, e não necessariamente corresponde ao PDV. Por exemplo: numa estória narrada em primeira pessoa, o ponto de vista normalmente será, sim, o do narrador. Nas narrativas em terceira pessoa, contudo, o PDV pertencerá a um ou mais personagens, mas **nunca ao mesmo tempo**. Como se disse, só pode haver um PDV por vez, ou o leitor ficaria confuso.

Vejamos um exemplo.

"Carlos entrou correndo no saguão do hotel. Sabia que a reunião de Maria estava marcada para as duas horas, o que significava que tinha apenas mais cinco minutos antes que ela se fechasse na sala com os clientes. Precisava alcançá-la antes disso, mas para isso teria de passar pelos seguranças da portaria, nem que para isso tivesse que pedir um favor a Josué, o porteiro mais antigo do prédio."

Essa cena, em terceira pessoa, está sob o PDV de Carlos. Agora imaginemos o seguinte:

"Josué, o porteiro mais antigo do prédio onde Maria trabalhava, no balcão da recepção, notou quando o homem chegou correndo. Era Carlos, o antigo noivo de Maria. Andava rondando o prédio havia dias, tentando encontrá-la no saguão. Mais de uma vez tivera de impedir que ele entrasse, e hoje chamaria a polícia se ele insistisse uma vez que fosse."

Notou a diferença? Narramos a mesma cena, ambas em terceira pessoa, mas cada uma com um ponto de vista diferente.

Quando falamos de um evento passado, normalmente o narramos através de nossas impressões e sentimentos. Sabe quando dizem "coloque-se no lugar do outro"? Essa é sempre uma proposta de *mudança de Ponto de Vista*, e o que estão querendo dizer é: *olhe para esta cena a partir de outra perspectiva*. Assim, podemos definir PDV como sendo *a maneira pela qual o protagonista enxerga o mundo*.

EXERCÍCIO:

Sempre que for desenvolver uma estória, atente para o **Ciclo Cena-Sequela** e, também, às regrinhas abaixo. Não se tratam de regras impostas, mas sim de dicas muito importantes que contribuem com o ritmo do texto e a fluência da leitura, pare este primeiro exercício.

- Escreva em primeira pessoa;

- Não dramatize, conte a verdade;

- Use de 40 a 60 palavras;

- Não se preocupe com erros de português, nem se atente para o excesso no uso de pronomes, correção de palavras e erros de concordância. O foco agora é a construção de uma trama interessante e bem estruturada.

- *Você não precisa fazer os exercícios no livro*. Caso se sinta melhor, desenvolva os textos num caderno ou no computador.

★ Escreva a seguir o que lhe aconteceu na noite passada, entre **20h e 21h**.

Exercício

O texto que você criou no exercício anterior está sob o *seu* PDV, e foi filtrado por *seus* sentimentos. Leia em voz alta o texto que acabou de criar, prestando atenção ao que está dizendo. Sonoridade, cadência e ritmo formam a *sua voz* como escritor, e escutar a si mesmo é um dos melhores truques que você pode aprender.

Agora vamos usar a mesma estória e contá-la a partir da *voz de outros personagens*. Abaixo você encontrará algumas sugestões de PDV; escolha **três** deles e reescreva o texto sobre o que lhe aconteceu na noite passada, mas sob a ótica do novo protagonista.

Sugestões:

- Palhaço
- Bailarina
- Astronauta
- Jacaré Falante
- Fada
- Monstro Amigável
- Agente Secreto

Personagem 2

Personagem 3

Outra regrinha importante é usar apenas **um PDV por cena**. Só importa o que ele vê, ouve, sente e imagina que os outros estão pensando.

Mas não posso ter mais de um PDV na minha estória?

> **DICA**
> O PDV não pode ler pensamentos ou ver através de paredes, a menos que isso seja um super poder do personagem. Se for este o caso do protagonista, indique de forma clara ao leitor.

Como toda regra, um autor com prática pode quebrá--la, pois saberá jogar com múltiplos PDV sem confundir o leitor. Entretanto, para estes exercícios de treinamento inicial, desenvolvendo uma trama mais curtinha, o ideal é mostrar apenas a perspectiva de **um** dos personagens.

Escolha **um** dos três personagens dos exercícios anteriores para ser o protagonista da estória de agora em diante. Caso queira usar outro personagem, não tem problema. Apenas refaça o texto seguindo o PDV dele, e só então comece o exercício a seguir.

Descreva o que acontecerá com o PDV escolhido **amanhã**, entre as 21h e 22h.

Exercício

Agora descreva o que aconteceria entre as 21h e 22h de **ontem, se o mundo fosse acabar em duas horas.**

Escolhido o PDV, agora você tem três textos com o mesmo protagonista. Em resumo, será algo assim:

Texto 1 - Ontem **aconteceu**...

Texto 2 - Amanhã **acontecerá**...

Texto 3 - Mas se ontem o mundo fosse acabar em duas horas, **aconteceria**...

Reúna as três descrições criando um texto único. Insira diálogos e procure reescrever a cena. Tente **mostrar** ao leitor o que aconteceu em vez de **contar**.

Regra:

1. Evite a todo custo frases que CONTÊM apenas palavras VAZIAS.

2. Use palavras que PINTEM um quadro na cabeça do leitor.

Ex.:

"Maria chorou" (vazio).

"Maria, com o cão morto ao colo, soluçava baixinho" (melhor).

Exercício

Anote aqui:

Objetivo do personagem

_____
_____
_____
_____

Obstáculo(s)

_____
_____
_____
_____

Desastre

_____

_____

_____

Reflexão

_____

_____

_____

Dilema

_____

_____

_____

Decisão

_____

_____

_____

Reescreva a cena garantindo que todo o **Ciclo Cena-Sequela** esteja presente nela.

Filtros de cena

Uma pessoa passa por uma experiência concreta, um fato que a desestabiliza e a coloca numa situação inesperada. Depois reflete sobre a situação, e disso abstrai e internaliza algum significado, para só então agir novamente.

Reconhece o **Ciclo Cena-Sequela**?

Essa *"bagagem"* que passa a fazer parte dos conhecimentos, valores ou crenças dessa pessoa pode ser utilizada em outras situações, muitas vezes bastante diferentes da primeira. Essa tomada de conhecimento constrói o indivíduo; e com base nessas experiências ele *qualifica* tudo o que acontece ao seu redor. O processo de qualificação dos fatos é o que chamamos de **Filtro Emocional**. Cada pessoa possui filtros próprios, por isso cada ação externa é avaliada de forma diferente por cada um de nós.

Filtros Emocionais são como lentes na frente dos olhos do personagem. São formados por seu contexto de vida e sua personalidade. Por exemplo, um personagem conversador, daqueles que têm um monte de amigos por todos os cantos, caso esteja atrasado para um compromisso, pode se meter na maior encrenca por querer dar atenção a todo mundo. Imagine as pessoas encontrando-o na rua e dificultando sua chegada ao teste que o transformará num sucesso hollywoodiano? Ou então pense em uma mulher muito supersticiosa indo a um encontro às escuras em plena sexta-feira 13, à noite. Chegando à porta do bar, um gato preto cruza sua frente e para bem no caminho, impedindo que ela entre. Tem ideia de como ela encara tal situação? É um tremendo obstáculo, mas que para o personagem conversador não seria problema algum.

Pense em alguém com sete graus de miopia que, no início da cena, tem seus óculos quebrados. Ele só enxergaria vultos e borrões, e não seria capaz nem de identificar o assassino da própria mãe, mesmo estando a poucos metros de distância. Isso é um *Filtro de Cena*, pois altera a percepção do ambiente e por consequência o comportamento do personagem e até a própria qualificação dos acontecimentos. Enfim, um filtro é capaz de mudar tudo. Os filtros emocionais são aqueles que independem do meio externo, mas sim de como cada personagem, individualmente, de acordo com suas características psíquicas, enxergará a cena.

Trabalhando com Filtros Emocionais

Reescreva uma parte do texto que você criou até aqui, em torno de 100 palavras, inserindo o *Filtro Emocional* indicado. Filtros afetam o PDV no exato momento em que se depara com o obstáculo. Mudando o filtro, talvez seja necessário mexer um pouco na estória de forma a criar um evento no passado do personagem que justifique a empatia, ou antipatia, diante do evento.

Raiva

Alegria

Aversão

Tristeza

Surpresa

Medo

Perspectiva é como o PDV percebe os fatos que o rodeiam. É um termo de significado amplo e, ainda que em alguns dicionários se encontre a definição de *perspectiva* como sendo ponto de vista, na literatura o conceito difere um pouco.

Dividimos a perspectiva em *visual* e *cognitiva*.

A **Perspectiva Visual** é o que o protagonista vê; como se o olho fosse uma câmera, e a imaginação do leitor fosse a tela de cinema. Já a **Perspectiva Cognitiva** é interna, e se refere aos *filtros emocionais* do personagem. Ao deparar-se com um evento, o PDV percebe a situação a partir das informações adquiridas no ambiente – perspectiva visual –, e só então as transforma em experiência, gostos ou significado – perspectiva cognitiva. Enquanto a perspectiva visual é dependente do lugar onde o personagem está – *fisicamente* perto, longe, ou com a visão prejudicada por um elemento do cenário –, a perspectiva cognitiva se dá no contexto de vida do PDV

– atributos afetivos e ideacionais, aqueles que o sujeito tem como ideal para si. A partir da perspectiva cognitiva o personagem pesa cada detalhe e só então parte para a ação.

Perspectiva cognitiva é *filtro emocional*, e *perspectiva visual* é *filtro de cena*. Ao atrapalhar o entendimento do personagem quanto ao que está acontecendo, o **filtro de cena** – imposto pelo autor – eleva o grau de suspense da trama; ao mesmo tempo em que o **filtro emocional** – imposto pelo personagem – insere realismo à estória.

As condições espaciais interferem diretamente na trama. Trabalhar com a perspectiva visual é escolher o melhor *enquadramento* para a cena. Se o olho do personagem funciona como se fosse uma câmera de cinema mostrando todos os eventos ao leitor, aproximar ou distanciar a câmera determina a dimensão que o evento tomará na vida do personagem.

Imagine que você é o PDV da estória e assiste à cena de Carlos e Maria. A distância altera sua percepção.

- 1 metro: Carlos entregou o pacote todo colado com fita adesiva para Maria.

- 10 metros: Carlos entregou o pacote marrom para Maria.

- 30 metros: Carlos entregou um pacote escuro para Maria.

- 50 metros: Carlos entregou o que parecia um pacote escuro para Maria.
- 100 metros: Uma mulher recebe um objeto escuro das mãos de Carlos.
- 200 metros: Uma mulher e um homem estão parados...
- 400 metros: No fundo do vale, duas pessoas...

Agora reescreva em torno de cem palavras da sua **cena completa** – aquela do fim do capítulo anterior –, mudando a posição do PDV de forma que altere a perspectiva visual. Use como filtro de cena **uma** das distâncias do exemplo acima.

Exercício

Usando os filtros indicados abaixo, reescreva a cena completa procurando usar partes diferentes do texto em cada exercício.

- Caso seja necessário, crie um contexto no passado do PDV, assim como fez no exercício anterior com os filtros emocionais.

- Se qualquer uma das sugestões de filtros não se adequar à sua estória, crie algo que se assemelhe à situação.

O PDV está sobre uma árvore.

Um filtro de cena pode ser de ângulo? Sim, pode ser de cabeça para baixo, deitado ou até saltando para ver por cima de um muro. Imagine um personagem vendo a cena enquanto está escondido embaixo da cama. Ele só vê os pés do outro personagem. Essa falta de ângulo para enxergar seu perseguidor torna a trama mais envolvente, pois Carlos deverá, a partir de agora, ficar atento aos sapatos de todos à sua volta. Assim, implantamos tensão à trama e, também, "criamos" uma forma diferente de mostrar os mesmos personagens. Os sapatos que os personagens usam dizem muito em relação a eles.

O protagonista só vê as pernas do outro personagem.

PDV está a 100 metros de distância

Entender o que são dez ou vinte metros para **fora** do personagem é fácil, mas e se pensarmos em dez, vinte e até cem metros para **dentro** dele?

Dentro como?

Distância, em *perspectiva cognitiva*, tem a ver com a proximidade afetiva do personagem com o fato. Por exemplo, um acidente com a "mulher do primo da vizinha da sua amiga" é um evento de distanciamento para FORA do protagonista, poderíamos até dizer que está a cem metros do personagem; entretanto o mesmo evento com a sua amiga, que, também, é sua vizinha, fica a um metro de distância para dentro. Se o mesmo fato acontece com sua irmã, fica a cinco metros para dentro; se for com sua filha, por certo, ficará a cinquenta metros para dentro, ou seja, isso afetará em muito a vida do PDV.

A distância cognitiva, também, pode ser dos cinco sentidos, de todos, e até de nenhum; uma cena com um personagem cego, ou surdo, altera a referência dos acontecimentos, isto é, sua perspectiva cognitiva. E lembra que falamos, na perspectiva visual, que o PDV não pode ver além de paredes? Na perspectiva cognitiva, pode! A visão de raio-X do Super-Homem e o "sentido de aranha" do Homem Aranha são *filtros emocionais*. Entretanto essa "habilidade" deve ficar muito bem explicada na estória; *como* tudo aconteceu, *por que* e *como* se manifesta, são informações importantes para não corremos o risco de afastar o leitor da trama, e, pior, ele poderá inclusive não voltar a ler o livro.

Assim como no exercício anterior, reescreva uma parte do texto inserindo a perspectiva cognitiva indicada.

O OBSTÁCULO AFETA AS CRENÇAS DO PDV:

ENQUANTO O OBSTÁCULO É NEGATIVO PARA O PDV, É POSITIVO PARA ALGUÉM QUE ELE AMA:

QUEM GERA O OBSTÁCULO É A PRÓPRIA MÃE DO PDV:

O PDV TEM VISÃO DE RAIO X:

Agora, escreva três versões da **cena completa**, aquela que você finalizou no capítulo anterior, inserindo:

- Um Filtro Emocional;
- Um elemento de Perspectiva Cognitiva;
- Um elemento de Perspectiva Visual.

Modele, crie e misture as versões criando uma nova **Cena Completa**. Assim, daqui em diante teremos uma versão da estória mais lapidada e estruturada.

Atente para as seguintes regrinhas:

- Agora sim, cuide dos erros de português, gramática e ortografia;
- Não use os verbos *ser, estar, ficar, sentir*;
- Evite palavras como *com* ou advérbios de modo terminados em "*-mente*";
- Prefira *mostrar* os fatos em vez de *contar* o que aconteceu. A vantagem é que o leitor tem uma percepção visual dos fatos pela descrição exata do que o PDV está "filmando" e, assim como o personagem, tira suas próprias conclusões. Esse processo cognitivo gerado no leitor o aproxima da trama e o faz simpatizar com o protagonista.

Primeira ou Terceira Pessoa?

Até agora você desenvolveu o texto em primeira pessoa. Teste a narrativa em terceira pessoa e encerre este **Book-in-a-Box** com duas possibilidades de *versão zero*. Mas atenção: a narrativa em primeira ou terceira pessoa literária se refere mais à forma do que ao conteúdo. Mudando para terceira pessoa, o PDV se mantém, assim como o *ciclo cena-sequela*.

Uma narrativa em primeira ou terceira pessoa é uma opção estética, e o controle é todo seu, autor.

Reescreva a cena completa passando o texto para terceira pessoa.

A jornada está só começando

Criar, estruturar e escrever um romance não é um bicho de sete cabeças, mas exige dedicação e amor. Perceber formas sutis de criar ilusões no seu texto é mágico, e quanto mais nos aventuramos pelo Book-in-a-Box, mais fantásticas ficam as palavras.

Fecho minha Caixa de Mágicas com a certeza de que vocês, assim como Dorothy, se encontram no começo da estrada de tijolos amarelos. Ao fim está a Cidade das Esmeraldas – que costumo chamar de publicação comercial – onde vive o famoso Mágico de Oz – conhecido como editor. Mas o editor não é assim tão terrível; principalmente àqueles que chegam até ele preparados por cada tijolinho amarelo do caminho. Esses têm na memória cada passo da jornada, e entendem que o poder de realizar os maiores desejos está dentro de si mesmo. A formação como escritor profissional será o par de sapatinhos de prata que o conduzirá a qualquer lugar que deseje. São três passos: imaginação, técnica e perseverança. Bata os calcanhares três vezes e ordene que os sapatos o carreguem para onde quiser.

Termino com um texto, quase um conselho, que escrevi para mim mesma quando decidi me tornar escritora profissional. Quis compor algo simples; uma junção de palavras que, assim como o beijo da Bruxa Boa, marcasse gentilmente quem quer que fosse tocado.

"Deves caminhar. É uma longa viagem através de uma terra que às vezes é agradável, às vezes é escura e terrível. Entretanto, usarei todas as mágicas que conheço para protegê-la dos perigos. Dou-te um beijo. Ninguém se atreveria a fazer mal a uma pessoa beijada pela Bruxa do Norte. A estrada para a Cidade das Esmeraldas é feita de tijolos amarelos, então não tem como errar. Quando chegar a Oz, não tenha medo dele; conte sua estória e peça para ele ajudá-la."

Bjim e até a próxima!

Camila Prietto

...RECORTE E COLE NA PAREDE...

Como você pôde ver, escrever um romance é muito fácil. Se quiser, mesmo apenas com essas técnicas básicas iniciais já poderá pôr a mão na massa e trabalhar! Boa sorte e espero que nos encontremos logo para mais três horas de treinamento.

AGORA PODEM ME CRIVAR DE PERGUNTAS!!!!!
james@mcsill.com

Você acabou de experimentar três horas de treinamento. Book-in-a-box é um curso completo de nove horas mais trocas de email e sessões de Perguntas & Respostas. Se quiser fazer parte dos grupos de interesse que trabalharão em sessões online ou ao vivo em vários locais no Brasil e em Portugal, escreva para:

james@mcsill.com
www.mcsill.com

www.dvseditora.com.br